T0077174

Stephan Marc Schneider

Inschrift

für Klarinette solo
for Clarinet solo

edition sikorski 8528

Das widerrechtliche Kopieren von Noten ist gesetzlich verboten und kann privatrechtlich und strafrechtlich verfolgt werden. Alle Rechte, insbesondere das Recht der Vervielfältigung und Verbreitung sowie der Übersetzung, vorbehalten. Kein Teil des Werkes darf in irgendeiner Form (durch Fotokopie, Mikrofilm oder ein anderes Verfahren) ohne schriftliche Genehmigung des Verlages reproduziert oder unter Verwendung elektronischer Systeme verarbeitet, vervielfältigt oder verbreitet werden.

Unauthorized copying of music is prohibited by law. Violations can lead to civil and criminal prosecution. All rights reserved. No part of this publication may be reproduced, stored in a retrieval system, or transmitted in any form or by any means, electronic, mechanical, photocopying, recording or otherwise, without the prior written permission of the publisher.

Anmerkungen

„Inschrift" für Klarinette solo entstand 1999 als zweite der bislang drei Klarinettenkompositionen Stephan Marc Schneiders. Das Stück nutzt fast den vollen Tonumfang der A-Klarinette aus und verlangt eine reiche klangliche Differenzierung und große Dynamik in allen Registern. Schon im ersten Satz erstreckt sich das Spektrum von fast kreischenden hohen fff-Passagen über ermattende Chalumeau-Töne bis hin zu einem letzten pppp-Lidschlag am Ende.

Im zweiten Satz sollte man versuchen, die Dynamik bis ins äußerste pp auszureizen und sich, wo notiert, genügend Zeit für Crescendi aus dem absoluten Nichts zu lassen. Um einen etwas verhaltenen, matten Eindruck zu bewirken, sollten alle Crescendi gleichmäßig gesteigert, Tonrepetitionen und Non-legato-Passagen immer *tenuto* gehalten werden.

Die schnelleren Bewegungen im dritten Satz – der optisch durchaus einem REM-Muster ähnlich ist – solten keinesfalls nur virtuos dahinplätschern, sondern gut prononciert werden. Die Anweisung *molto legato* ermöglicht hier eine deutlichere klangliche Trennung zu den Détaché-Stellen, die sich gelegentlich aus dem Klangband lösen und sich zunehmend verselbständigen.

Im vierten Satz setzt sich allmählich ein großer Melodiebogen gegen kleine, meist um f^2 gruppierte Floskeln durch. Hier ist eine Übertreibung der Dynamik hilfreich, um einen mozartesken Effekt, d. h. das Gegenüberstellen zweier Register, zu erzielen.

Die teilweise etwas vertrackt wirkende rhythmische Notation sollte vor allem in Legato-Linien immer als auskomponierte Agogik verstanden werden und nicht zu einem Überrhythmisieren verleiten. Der melodische Zusammenhang hat hier immer Priorität.

Christopher Corbett

Notes

„Inschrift" (Inscription) for clarinet solo was composed in 1999 as the second of three clarinet compositions (so far) by Stephan Marc Schneider. The piece exploits almost the entire range of the A clarinet, requiring a rich sonic differentiation and wide dynamic range in all registers. Already in the first movement, the spectrum extends from almost shrieking high fff passages to exhausted chalumeau tones and a final pppp key-click at the end.

In the second movement, one should try to bring out the dynamics up to the most extreme pp, also leaving enough time for crescendi out of absolute oblivion. In order to make a somewhat reserved, fatigued impression, all crescendi should be uniformly intensified. All tone repetitions and non-legato passages should always be played *tenuto*.

The faster motions in the third movement – visually very similar to a REM pattern – should not be merely automatically played in a virtuoso manner, but very well pronounced. A *molto legato* here enables the player to achieve a clear separation between these and the détaché passages that occasionally emerge from the sound-band and increasingly gain independence.

In the fourth movement, a long melodic arc gradually asserts itself against small figures mostly grouped around f^2. Exaggerating the dynamics is helpful here in order to achieve a Mozartian effect, that is, the confrontation between and contrast of two registers.

The sometimes complicated rhythmic notation should always be understood as a composed rubato, especially in the legato lines, and not lead to over-rhythmicisation. The melodic continuity always has priority.

Christopher Corbett

Christopher Corbett gewidmet / dedicated to Christopher Corbett

Inschrift

für Klarinette in A solo / for Clarinet in A solo
(1999)

1.

herausgegeben von / edited by:
Christopher Corbett

Stephan Marc Schneider
(*1970)

© 2005 by **Musikverlag Hans Sikorski GmbH & Co. KG**, Hamburg

H.S. 8528

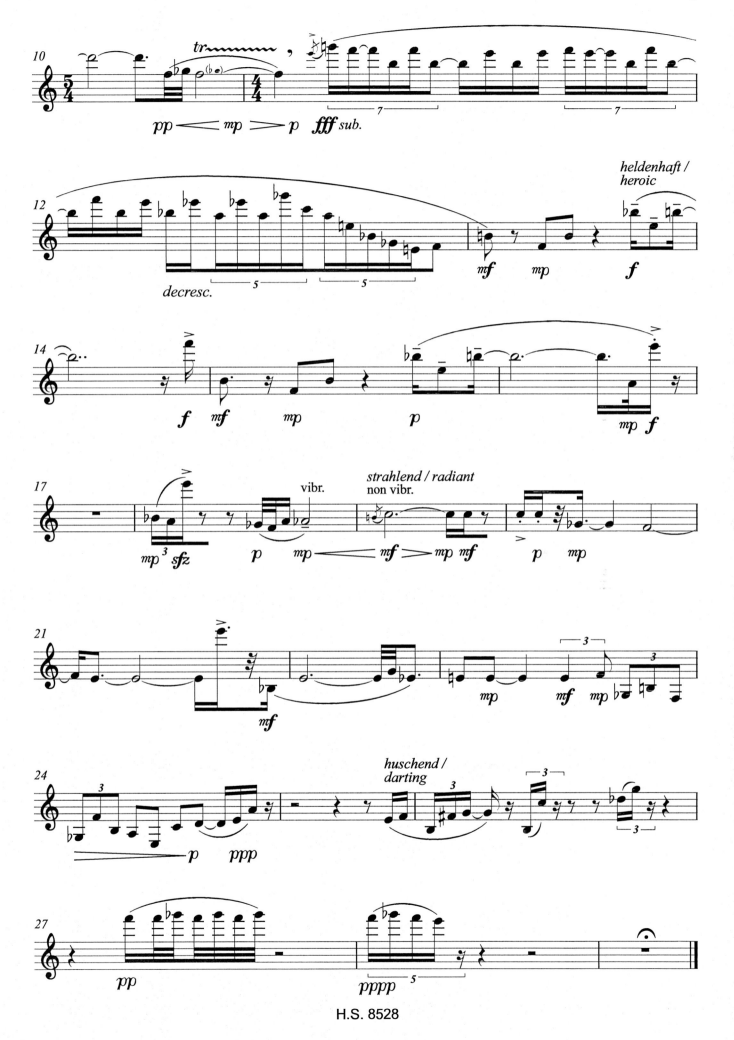

2.

3.

4.

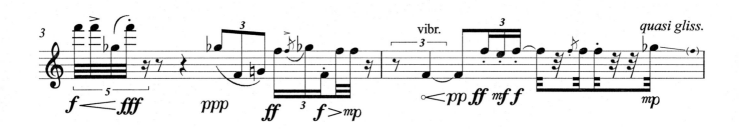

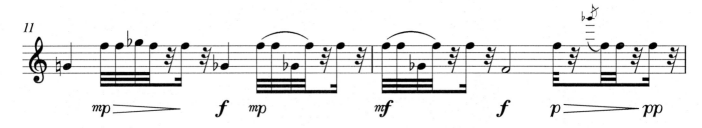

MUSIK FÜR/MIT KLARINETTE

Auswahl

HERBERT BAUMANN
1587 „Rondo mit Mozart" für Oboe, Klarinette, Horn u. Fagott (P/St.)
1588 „Rondo mit Mozart" für vier Klarinetten (P/St.)
576 Divertimento für Oboe, Klarinette und Fagott
1549 Bläserquintett (P/St.)

KARL GÜNTHER BREUER
403 Atonalyse I für Soloinstrument und Streicher

HANS MELCHIOR BRUGK
1545 12 Variationen über ein Thema von Mozart (KV 496) für Flöte, Klarinette und Fagott op. 10
535 Serenade für Bläserquintett op. 22

ARAM CHATSCHATURJAN
6114 Säbeltanz aus „Gajaneh" für Klarinette und Klavier
2230 Trio für Klarinette, Violine und Klavier

BERNHARD HENRIK CRUSELL
550d Duo I d-moll für zwei Klarinetten
550e Duo II C-dur für zwei Klarinetten
549K Konzert f-moll für Klarinette und Orchester op. 5 (Michaels) (KA/Orchestermaterial = L)
1263K Introduktion und Variationen über ein schwedisches Lied für Klarinette und Orchester (Michaels) (KA/Orchestermaterial = L)

FRANZ DANZI
656 Sextett Es-dur für zwei Klarinetten, zwei Hörner und zwei Fagotte (Wojciechowski)

EDISON DENISSOW
6852 Ode für Klarinette, Klavier und Schlagzeug (P/St.)
1800 Quintett f. Klarinette, zwei Violinen, Viola u. Violoncello (P/St.)
1855 Bläseroktett (2 Oboen, 2 Klarinetten, 2 Fagotte, 2 Hörner) (P)
6613 Bläserquintett
6785 Zwei Stücke für drei Instrumente

KARL DITTERS VON DITTERSDORF
294 Divertimento für zwei Oboen, zwei Klarinetten und Fagott (Wojciechowski)

JURI FALIK
6786 Englisches Divertimento für Flöte, Klarinette und Fagott

MICHAEL GOTTHARD FISCHER
1036K Konzert C-dur für Klarinette, Fagott und Orchester op. 11 (Michaels/Hennige) (KA/Orchestermaterial = L)

ILSE FROMM-MICHAELS
517 Musica larga für Klarinette und Streichquartett (TP/St.)

KLAUS JUNGK
577 Chaconne für Bläserquintett

FRANÇOIS RENÉ GEBAUER
284 Sechs konzertante Duos für zwei Klarinetten op. 2 (Wojciechowski)
285a Sechs konzertante Duos für Klarinette und Fagott op. 8,1-3 (Wojciechowski)
285b Sechs konzertante Duos für Klarinette und Fagott op. 8,4-6 (Wojciechowski)

SOFIA GUBAIDULINA
1870 „Punkte, Linien und Zickzack" für Bassklarinette und Klavier (2 SpP)

PAUL HÖFFER
273 Thema mit Variationen für Oboe, Klarinette und Fagott

ARTHUR HONEGGER
786 Petite Suite für zwei Melodieinstrumente und Klavier

GIJA KANTSCHELI
1909 „Tagesgebete" für 19 Instrumentalisten, Knabenstimme und Solo-Klarinette (aus „Leben ohne Weihnacht") (TP/Orchestermaterial)

FRIEDRICH KIEL
1433a Fünf Duos f. Klarinette u. Fagott aus „15 Kanons im Kammerstil" (Michaels)

CHARLES KOECHLIN
1438 Idylle für zwei Klarinetten (F)

KONRADIN KREUTZER
550f Duo C-dur für zwei Klarinetten (Michaels)

ULRICH LEYENDECKER
1852 Zwei gegenständliche Etüden für Klarinette und Violoncello

VASSILY LOBANOV
1819 Sonate für Klarinette und Klavier op. 45

GERHARD MAASZ
1204 Sonatine B-dur für Klarinette und Klavier

FELIX MENDELSSOHN BARTHOLDY
461 Zwei Konzertstücke für zwei Klarinetten und Klavier op. 113 (Michaels)

DARIUS MILHAUD
1437 Pastorale für Oboe, Klarinette und Fagott

WOLFGANG AMADEUS MOZART
757 Kanonisches Adagio f. zwei Bassetthörner u. Fagott (KV 410) / Adagio f. Englischhorn, zwei Bassetthörner u. Fagott (KV 580a) (Wojciechowski)
469 Fantasie f-moll (KV 594) für Bläserquintett (Meyer)
470 Andante F-dur (KV 616) für Bläserquintett (Meyer)
474 Fantasie f-moll (KV 608) für Bläserquintett (Meyer)

JENS-PETER OSTENDORF
1861 „1791" für Klarinette, drei Bassetthörner und Bassklarinette (St./P = F)
812 Bläserquintett Nr. 1

IGNAZ PLEYEL
772K Konzert B-dur für Klarinette und Orchester (Michaels) (KA/Orchestermaterial = L)

HANS POSER
789 Sonate für Klarinette und Klavier op. 30

WOLFGANG E. REBNER
1038 Skurrilia für Klarinette und Klavier

PHILIPP JAKOB RIOTTE
553K Konzert B-dur für Klarinette und Orchester (Michaels) (KA/Orchestermaterial = L)

GIOACHINO ROSSINI
551K Introduktion, Thema und Variationen für Klarinette und Orchester (Michaels) (KA/Orchestermaterial = L)

PETER RUZICKA
810 Drei Szenen für Klarinette solo

DMITRI SCHOSTAKOWITSCH
2333 Vier Walzer für Flöte, Klarinette und Klavier (Atowmjan)

RODION SHCHEDRIN
6320 „Basso ostinato" für Klarinette und Klavier (Mjulberg)
2370 „Drei Hirten" für Flöte, Oboe und Klarinette (3 SpP)

TATJANA SMIRNOWA
6882 Kleines Triptychon für Flöte, Klarinette und Fagott op. 40 (P/St.)

ANTON STADLER
550a Duo F-dur für zwei Klarinetten (Michaels)

CARL STAMITZ
255 Konzert Es-dur für Klarinette und Orchester (Wojciechowski)
491 Konzert Nr. 10 B-dur für Klarinette und Orchester (Michaels)
256 Doppelkonzert B-dur für Klarinette, Fagott und Orchester (Wojciechowski)

LEPO SUMERA
6807 „Spiel für Bläser" für Bläserquintett

PETERIS VASKS
1884 Musik für einen verstorbenen Freund. Bläserquintett Nr. 2

EGON WELLESZ
361 Suite für Bläserquintett op. 73

HANS HERBERT WINKEL
791 3 Burlesken für Bläserquintett

PETER VON WINTER
205K Concertino Es-dur für Klarinette, Violoncello und Orchester (Michaels) (KA/Orchestermaterial = L)

HELMUT WIRTH
313 Sonate für Klarinette und Klavier
578 Kleine Clementiade. Scherzo für Bläserquintett

MICHEL YOST / JOHANN CHRISTOPH VOGEL
550b Duo II F-dur für 2 Klarinetten (Michaels)
550c Duo IV d-moll für 2 Klarinetten (Michaels)

KA = Klavierauszug, P = Partitur, SpP = Spielpartitur, St. = Stimmen, L = Leihmaterial, TP = Taschenpartitur, F = Fotokopie

NEU: Der Sikorski-Kammermusik-Katalog auf CD-ROM. Finden Sie schnell und unkompliziert die für Ihre Besetzung "maßgeschneiderte" Komposition vom Solowerk bis zum Ensemblestück – auch in ungewöhnlichsten Instrumenten-Kombinationen!

SIKORSKI

Klar. 3/2003